中国の歴史★現在がわかる本

★第二期★ 2

2度目の中国ができるまで

監修／渡辺信一郎　著／岡田和一郎

かもがわ出版

はじめに

2016年の「日中共同世論調査*」によると、中国人が日本に対していだく感情が少し改善されてきたことがわかりました。この背景には、2016年に入ってから日本を訪れる中国人観光客が前年比で3割以上増加し、彼らが「日本人は礼儀正しくマナーを重んじる」と感じ、また、「日本の環境は美しく自然が豊かである」ことに好印象をもっていることがあげられています。

また、中国の子どもたちのあいだでは、ドラえもんやピカチュウなど、日本の漫画やキャラクターが大人気。子どものころから好きだった漫画を生んだのが日本だということで日本にやってくる人たちもいます。そもそも中国の「漫画」という言葉自体、日本語から中国語になったものなのです（➡第一期1巻P28）。

2009年、中国南京にある「侵華日軍南京大屠殺遇難同胞紀念館（南京大虐殺記念館）」で、日本漫画家協会の漫画家たちの戦争体験を描いた原画展覧会が開かれました。その際、日本人漫画家の絵を見て、日本軍が中国人を何十万人も屠殺（虐殺）してきたとばかり思っていたが、日本の人びとも戦争で苦しんでいたことをはじめて知ったと語る中国人が非常に多くいたといいます（来場者数240万人）。

写真：石川好

★

ところが、同じ世論調査で日本人の中国に対するイメージは悪くなっています。その理由としては「尖閣諸島周辺の日本領海や領空をたびたび侵犯しているから」「中国が国際社会でとっている行動が強引だから」などがあげられています。しかし、このような今だからこそ、日本人は、中国・中国人についてもっと理解し、どうしたらもっとよい関係をつくっていけるのかを考えなければなりません。でも、そんなことは、国や政治家の考えることで、自分たちには関係ないと感じる人も多いのではないでしょうか。

★

東日本大震災のとき、中国もすぐに救援隊を派遣してくれたことは、よく知られています。しかし、1923年の関東大震災のときにも、中国から支援を受けていたこと（➡第一期1巻P16）は、今の日本人はほとんど知りません。もっともっと中国や日中関係を知って、よかったことを生かし、よくなかったことを反省していかなければなりません。しかし、日本人が中国史について学ぶのは、中国大陸の北のほうからモンゴル人がせめてきて、中国を支配し、元という王朝を建てたとか、北方民族に支配されていた漢民族が自らの王朝を復活させたなどというように、おもに中国大陸の王朝交代の歴史がふつうです。また、豊臣秀吉と明王朝、江戸幕府と清王朝というように国（あるいは王朝）、支配者の視点から日中関係史を勉強します。

★

国と国との関係で、王朝が交代したからといって、人びとの日常生活が急激に変化するわけではありません。一方、一般市民の運動が国を動かすことがあるのは、世界の例をあげればきりがありません。過去の中国でも、そうしたことがありました。近年でも、そのような動きが現にあります（➡第一期3巻）。だからこそ、日中関係をもっとよい関係にしていくにはどうしたらよいか、自分たち自身で考えなければならないのです。

こうした考えから、一般によく見かける王朝交代史や、支配者どうしの日中関係史でない、これまでにないシリーズにするために、専門の研究者11人が集まり企画したのが、このシリーズ「中国の歴史・現在がわかる本」です。

第一期	第二期	第三期
1 20世紀前半の中国	紀元前から中国ができるまで	13〜14世紀の中国
2 20世紀後半の中国	2度目の中国ができるまで	14〜17世紀の中国
3 21世紀の中国	13世紀までの中国	17〜19世紀の中国

★

「中国の本というのは漢字ばかりでむずかしそう」と思う人もいるかもしれませんが、漢字の国・中国の歴史の本となれば、漢字が多くなってもしかたありません。しかも、今回集まったのは、中国史の専門家です。文章も、むずかしいところがありますが、がんばって読んでください。いま、日本と中国をふくむ世界の情勢は、大きな転換点をむかえています。ぜひ、今後の日中関係を考えるのに役立てていってください。

* 「言論NPO」と「中国国際出版集団」による「第12回日中共同世論調査」。

もくじ

1. 「三国志」の時代 …………………………… 4
- もっと知りたい！ 東アジアのなかの邪馬台国 …… 6
2. つかの間の統一 …………………………… 8
3. 遊牧民の動向 …………………………… 10
4. 躍動する胡族：五胡十六国時代 …………… 12
5. 北朝：華北の胡族王朝 …………………… 14
6. 南朝：江南の漢族王朝 …………………… 16
- もっと知りたい！ 5・6世紀の東アジア情勢 …… 18
7. 隋の中国統一 …………………………… 20
8. 隋の滅亡から「天可汗」の誕生へ ………… 22
9. 黄巾の乱と道教の成立 …………………… 24
10. 中国仏教の成立 ………………………… 26
- もっと知りたい！ 魏晋南北朝時代の人びと …… 28

この本に出てくる地名地図 ……………………… 30
2度目の中国ができるまでの年表 ……………… 33
ことがらさくいん ……………………………… 34
地名さくいん・人名さくいん …………………… 35

監修のことば

　中国はいつから中国になったのでしょうか。中国は4000年以上の歴史をもっています。しかし、4000年のむかしから、現在の中華人民共和国の領域を前提にして歴史をはぐくんできたわけではありません。中国は、最初は首都とその近辺を指すことばでした。その歴史は、周辺の諸地域、諸民族との交流をつうじて、段階的に今日の中国まで展開してきたのです。
　「中国の歴史・現在がわかる本」のシリーズ全9巻は、日本との関係も視野に入れて、それぞれの段階の中国をとらえなおし、中国の歴史と現在を全体として鳥瞰できるようにしています。21世紀をになう若い世代が中国への理解をさらに深める機会になることを期待します。

渡辺信一郎

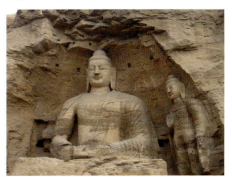

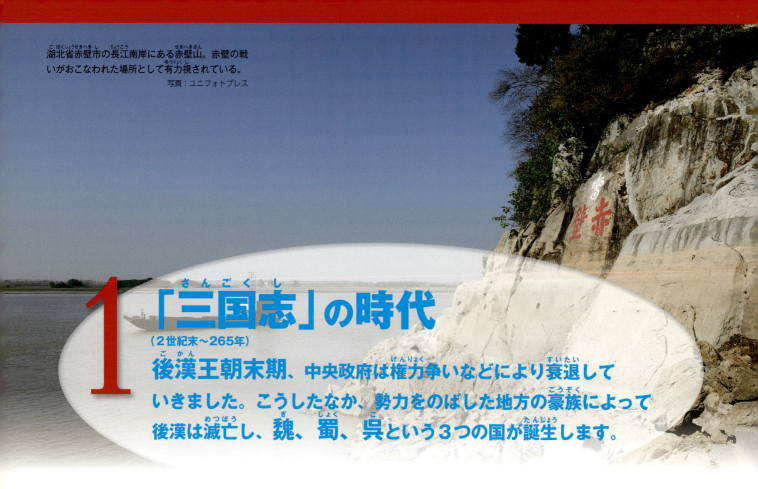

湖北省赤壁市の長江南岸にある赤壁山。赤壁の戦いがおこなわれた場所として有力視されている。
写真：ユニフォトプレス

1 「三国志」の時代
（2世紀末〜265年）

後漢王朝末期、中央政府は権力争いなどにより衰退していきました。こうしたなか、勢力をのばした地方の豪族によって後漢は滅亡し、魏、蜀、呉という3つの国が誕生します。

三国分立の時代へ

184年、中国全土で続く災害や病気に苦しむ農民たちが、大規模な反乱を起こします（黄巾の乱、→P24）。反乱をおさえる力のない中央政府は、各地の豪族に反乱の鎮圧を命じ、曹操、袁紹、孫堅、劉備、董卓らがこれに応じました。

反乱鎮圧後、中央政府の力はますます低下し、豪族が力を増しました。189年、後漢の第12代霊帝が亡くなると、董卓が首都洛陽に入り、後漢最後の皇帝・献帝を即位させます。これに対し、曹操や孫堅などが反董卓の連合軍を結成しました。董卓は部下の呂布に殺されますが、曹操らはこの連合軍を足がかりに自らの勢力を拡大していきます。曹操は献帝をむかえると、対立していた袁紹を破り、華北（中国北部）をほぼ統一します。曹操は江南（長江の南の地域）への進出をめざしますが、この地域は孫堅の子・孫権が統治していました。また、荊州（現・湖北省）には劉備がいました。208年、曹操軍と、孫権・劉備連合軍は長江をはさんで激突します（赤壁の戦い）。

この戦いののちも、三者は手を組んだり対立したりしながら、それぞれの勢力範囲をかためていきます。220年、曹操の子・曹丕は献帝から帝位をゆずられ、魏を建国します。ここに漢王朝が滅亡しました。翌年の221年に劉備が蜀を、222年には孫権が呉をそれぞれ建国し、中国の分裂時代がはじまります。

● 三国の分裂

出典：亀井高孝等編『増補版 標準世界史地図』（吉川弘文館、2016年）を元に作成

用語解説

赤壁の戦い：208年、華北の大部分を支配下に置いた曹操は長江流域をめざし、孫権・劉備連合軍と長江中流の赤壁で戦い、火攻めによって大敗を喫した。この戦いの結果、のちの魏・呉・蜀三国分立の形勢がほぼ定まった。

有力者たちの軍隊

戦いが続くこの時代、有力者たちにとっていかに兵士を獲得するかが大きな課題でした。当初、他の勢力よりも兵力が劣った曹操は、自身との戦いで降伏した者たちを積極的に兵士として採用しました。また、曹操や孫権らは兵士を出す特定の家の戸籍を民衆と別にし、その家から代々兵士をとることで、兵を安定的に集めました。さらに、曹操軍には領域内の南匈奴（➡P11）や、「名騎」とよばれた狩猟遊牧民烏丸（➡P11）が参加しました。

一方、呉は江南の山地にくらしていた山越族を攻撃し、軍隊に吸収します。また、蜀は西南地域の異民族を動員しています。このように、有力者の軍隊には漢族だけではなく、領域の内外から連れてこられた多くの異民族が参加していました。

あらたな官僚登用制度

魏では、九品官人法という官僚登用制度がはじめられました。九品とは、9つの等級にわけられた官職の序列（位階）のことです。また、地方の郡国ごとに、現地出身者を「中正」という役職に任命し、地域社会での評判をもとに、官僚志望者の才能や人徳をランクづけさせました。中央政府は、それをもとに「官品」とよばれる九品の位階をあたえます。官職を位階でわける原則は清の時代まで続き、唐（➡第二期3巻）の制度を学んだ古代日本にも導入されました。この制度は、もともと地方にいる知識人を積極的に登用するために設けられました。しかし、次第に個人の才能から家柄のランクへと評価の基準が変わり、貴族を生みだす制度へと変わっていきます。

もっとくわしく

日本の三国志人気

『三国志』は、後漢末期から三国時代の歴史について、3世紀の歴史家・陳寿がまとめた書物。14世紀には、『三国志』や民間伝承などをもとに、作家の羅漢中が時代小説『三国志演義』をまとめた。『三国志演義』は創作物語なので事実とは異なる部分も多いが、当時の武将たち「英雄」の活躍を生き生きと描いている。

『三国志演義』は日本には江戸時代に伝わり、書籍だけでなく歌舞伎や人形浄瑠璃でも楽しまれた。今も、小説、漫画、映画、ゲームなどで広く親しまれている。

劉備（161～223）は『三国志演義』では正義の人物として描写されている。部下の関羽や張飛、軍師の諸葛孔明（➡P6）らも人気が高い。
曹操（155～220）は『三国志演義』では悪役として登場するが、実際は軍人・政治家としてすぐれ、学問を愛する人物だった。
出典：『三才圖會』（国立国会図書館所蔵）

大正～昭和期の小説家・吉川英治が『三国志演義』をもとに独自のアレンジを加えて書いた小説『三国志』は、大変な人気となった。
吉川英治『三国志』1巻（講談社）

『三国志演義』にも登場する大きな見せ場・赤壁の戦いを描いた映画『レッドクリフ』。
©2009, Three Kingdoms,Limited. All rights Reserved.
映像協力：エイベックス・ピクチャーズ

山越族：もともと江南地域の山やまに住み、漢族とは区別される民族。江南を支配した呉に対し、さまざまな抵抗をおこなった。そのため、呉はたびたび軍を派遣して鎮圧し、山越族の捕虜を漢族と同じ戸籍に組みこんだり、兵士にしたりして吸収した。

漢族：現在56の民族がくらす中国で、人口の90％以上を占める民族。現在の漢族は、歴史上、重層的にさまざまな民族がまじりあって形成された。「漢」はもともと漢王朝をさす言葉だったが、魏晋南北朝時代（➡P28）には広く中国を示すよび名となった。

もっと知りたい！

東アジアのなかの邪馬台国

中国が三国時代のころ、日本は弥生時代後期で「倭」とよばれていました。3世紀前半には、倭のなかの複数の小国をまとめる「邪馬台国」があったとされています。邪馬台国は魏や朝鮮半島と交流し、その記録は「魏志倭人伝」に残されています。

東アジアの情勢

190年、後漢末期の混乱に便乗して、遼東半島の地方長官だった公孫度が後漢から独立します。その息子の公孫康は、朝鮮半島に帯方郡を設置し、倭も帯方郡に属する地域として支配下に置きました。公孫康の息子・公孫淵の代には、魏は公孫氏による遼東統治を認めました。当時、魏は蜀や呉と対立し、とくに蜀の諸葛孔明が魏への攻撃をおこなっていたため、軍を遼東に送る余裕がなかったためです。その後、諸葛孔明が亡くなり攻撃がやむと、魏は遼東半島に軍を送り、238年8月、ついに公孫氏政権を滅ぼしました。その10か月後の239年6月、邪馬台国の女王・卑弥呼は魏に使者を派遣します。このことは、邪馬台国の対外関係が東アジア情勢と密接にかかわっていたことを示しています。

後漢末期から三国時代にかけて活躍した軍師・諸葛孔明（181〜234）。劉備に協力して蜀の建国に貢献した。劉備の死後も蜀につかえ、呉との同盟締結、魏への攻撃など大きな役割をはたした。
出典：『三才圖會』（国立国会図書館所蔵）

● 3世紀前半の東アジア（遼東半島・朝鮮半島周辺）

出典：亀井高孝等編『増補版 標準世界史地図』（吉川弘文館、2016年）を元に作成

用語解説

「魏志倭人伝」：『三国志』巻30「東夷伝」（中国の東に位置する異民族・東夷の記録）におさめられた、倭（日本列島）の史料。中国正史のうちで、もっともはやい時期にまとめられた、倭に関する記録である。邪馬台国や卑弥呼について記されていることでも有名。

親魏倭王

　漢代以降、中国の近隣国の支配者が中国皇帝に対して使者や貢ぎ物を送り（朝貢）、皇帝はお返しとして支配者の地位を認め（冊封）返礼品をあたえる外交制度が確立していました。魏は、卑弥呼を「親魏倭王」に任命し、その地位を示す金の印鑑や紫の綬（印鑑につけるひも）とともに、銅の鏡などをあたえました。「親魏倭王」は「魏と親しい倭の王」という意味で、その地位は他国の支配者があたえられた地位よりも高く、卑弥呼が優遇されたことを意味します。この優遇にはいくつか理由が考えられます。まず、魏は、卑弥呼がおさめた邪馬台国が、魏の敵国・呉の東側の戦略的に重要な位置にあると考えていました。次に、魏は、倭王・卑弥呼が遼東半島の公孫氏政権よりも多くの人口を統治したと考えていました。当時、戦いに重要なのは、人間の数でした。そのため、呉の東にいて、多くの人間を動員することができる卑弥呼に対して、魏は「親魏倭王」という比較的高い地位をあたえたと考えられています。

倭の風俗

　「魏志倭人伝」には、倭のようすや人びとのくらしについても書かれています。
　倭の気候は温暖でした。男性は、大人も子どもも顔や体に入れ墨をし、頭にはターバンを巻き、体には1枚の布を横に巻いてほとんど縫わないでひもで結ぶというスタイルでした。女性はワンピースの中央に穴をあけ、そこから頭を出して着ていました。そして、男女ともに足には何もはきませんでした。人びとは夏や冬に生野菜を食べ、お酒を好んで飲みました。また、魚介類も食べましたが、牛や馬はいませんでした。飲食には高杯（1本足の盛りつけ用の土器）をつかい、手づかみで食べていました。また、遠くへ出かけるときなどには、動物の骨を焼いて縁起のよしあしを占いました。倭の人のなかには、100歳という長寿の人がいたとも記されています。

弥生時代後期の倭でつかわれていた高杯。
中野区立歴史民俗資料館所蔵

卑弥呼（左）と一般女性（右）の服装の想像図（弥生時代の出土品や残された記録から再現したもの）。風俗博物館所蔵

帯方郡：後漢末期、公孫康が楽浪郡（前漢の武帝が設置した朝鮮半島の統治拠点）の南部を分割して置いた郡。倭や、朝鮮半島南部にいた韓族は帯方郡に属したと記録されている。公孫氏政権滅亡後は魏・晋に継承されたが、313年に高句麗（→P18）が楽浪郡を占領して以降はおとろえた。

東晋時代の墓に描かれた「竹林の七賢」と春秋時代の賢人・栄啓期（左下）の壁画。西晋建国前後の時代、わざと儒教の教えに外れたおこないをして人間の自然な感情を見ようとする動きが貴族のあいだで起こり、その動きを代表するのが竹林の七賢とよばれる7人だった。竹林の七賢は中国や日本で美術品の題材となり、今も絵画などが残されている。

2 つかの間の統一（265年〜316年）

265年に魏から誕生した晋（西晋）が、280年に中国を統一しました。しかし、わずか50年ほどで滅んでしまいます。この滅亡が、あらたな分裂時代のはじまりでした。

西晋の統一

魏の第3代皇帝として幼い曹芳が即位すると、皇帝一族の曹爽と、かつて曹操につかえていた司馬懿が補佐役に任命されました。曹爽との権力闘争に勝利した司馬懿が亡くなると、その息子たちが権力をにぎり、第4代皇帝を殺害するにいたります。魏は263年に蜀を滅ぼしますが、その2年後には司馬懿の孫・司馬炎（236〜290）が第5代皇帝から帝位をゆずられ、西晋王朝を打ちたてます。司馬炎（武帝）は280年に江南へ進軍して呉を破り、およそ半世紀ぶりの中国統一をはたしました。

その後、武帝は兵を故郷に帰らせ、地方の常備兵を大幅に削減します。また、「戸調の式」という税制度や新しい土地制度など、戦争をするための非常体制からの移行をめざす政策を、次つぎと実施していきました。

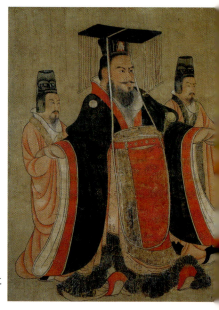

西晋の武帝の肖像画（唐の時代に描かれた絵を模写したもの）。

用語解説

戸調の式：280年、西晋の武帝が中国を統一した直後に発した税制。その内容は、丁男（成人男性）が戸主（一家の主人）の場合には、絹3匹・綿3斤を徴収した。「戸調」とは戸（家族の単位）ごとに課す税をさし、後漢末期に曹操が制度化した。

異民族への警戒

西晋の領域内には、胡族など、多くの異民族がいました。彼らの多くは、西晋の時代までに華北に流入した人びとでした。

西晋が呉を滅ぼしてすぐのころ、ある漢族の官僚が、異民族が多くいることについて警告を発します。第2代の恵帝のときには、別の漢族の官僚が次のように訴えました。「首都圏の人口の半分は異民族で占められているのに、漢族はこれら異民族をあなどっているので、異民族は漢族をうらんでいます。彼らは国外に移すのがよいでしょう。また、国内の匈奴（➡P10）や近隣の高句麗（➡P18）は反乱を起こす可能性があるので、注意が必要です」。これらの訴えの前提には、異民族の行動や心は漢族とは異なるという考えがあります。しかし、皇帝はこの訴えを聞きいれませんでした。

西晋の滅亡

299年、恵帝の皇后・賈氏が皇太子（別の妃の子）を廃位すると、武帝の叔父・趙王倫が皇后やその一族を殺害し、実権をにぎります。それに対し、各地方をおさめていた皇族たちが反発し、趙王倫は殺害されました。その後、皇族間の抗争は泥沼化し、華北は混乱におちいりました。8名の皇族が中心となって争ったことから、「八王の乱」とよばれます。この混乱を勝ちぬくため、皇族たちは次つぎと胡族を自らの軍に招きいれました。これが、胡族が自らの武力を自覚するきっかけとなります。

後漢以後、山西省北部にくらしていた南匈奴（➡P11）の単于（首長）の血をひく劉淵（？〜310）が、304年に匈奴を率いて西晋からの独立を宣言します。311年、劉淵の子・劉聡は首都洛陽を陥落させ、その5年後には、西晋最後の愍帝を降伏させました。こうして、西晋は匈奴の手により滅亡しました。

西晋滅亡の翌年、江南にいた西晋の皇族・司馬睿が、晋王朝（東晋）を再建します（➡P16）。一方、華北では、複数の胡族が次つぎと王朝を打ちたてる時代に突入しました（➡P12）。

●西晋の皇帝と八王

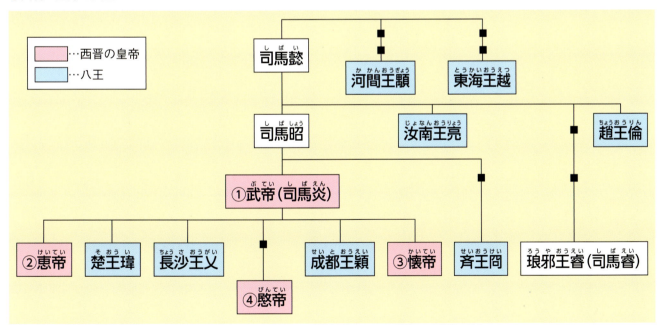

八王の乱では西晋の皇族が権力争いをくりひろげ、最終的に生きのこった東海王越が306年に恵帝の弟・懐帝を即位させたことで終結した。しかし西晋の力は弱まり、4代で滅亡をむかえた。

胡族：「胡」とは、当初は匈奴を示す語だった。その後、匈奴だけではなく、漢族ではない北方遊牧民族の総称として用いられるようになった。唐代に入ると、中央アジアの諸民族、とくにソグド人（イラン系民族）を示すようになった。

匈奴の古墳から出土したカーペット。弓矢で狩猟をする人の姿が描かれている。　写真：ユニフォトプレス

3 遊牧民の動向
（紀元前2世紀〜紀元1世紀末）

紀元前200年ごろ、現在のモンゴルから中国北部にかけて広がるモンゴル高原に、遊牧民の「**匈奴**」が大勢力を築きました。匈奴はのちに分裂しますが、これは**あらたな中国誕生の**はじまりをつげるできごとでした。

■ モンゴル高原の遊牧民

　標高1000mをこえるモンゴル高原は、1年間にふる雨の量が少なく、気温差が大きいなど、厳しい自然環境にあります。そのため、古くからこの地には農耕ではなく、牧畜を生業とする遊牧民が生活していました。彼らは季節ごとに移動しながら、ヒツジなどの家畜を放牧するため、財産としての土地をあまり重視しませんでした。また、多くの家畜を管理するため、彼らは日常から馬に乗り、部落や部族とよばれる集団をつくりました。そして、戦いの際には、優秀な騎馬軍として活躍しました。彼らは戦闘力や家畜の管理能力を高く評価し、老人よりも若者を大切にするなど、漢族とは異なる価値観をもっていました。

モンゴル高原の大部分は草原で、中央部にはゴビ砂漠がある。古くから遊牧民の活躍の舞台となり、強大な国が築かれてきた。

● 紀元前2世紀末の東アジア

※紀元前2世紀後半、前漢の領土がもっとも広かったときのようす。

出典：亀井高孝等編『増補版 標準世界史地図』（吉川弘文館、2016年）所載図を元に作成

用語解説
河西地域：甘粛省の黄河より西方一帯の総称。中国と中央アジアの交通路にあたる。前漢の武帝期以降に酒泉・張掖・敦煌・武威の4郡が置かれた。モンゴルの砂漠と祁連山脈に南北をはさまれたオアシス地帯で、五胡十六国時代（→P12）には「涼」がつく5つの王朝が置かれた。

匈奴と前漢の争い

紀元前200年ごろ、このモンゴル高原で力をもったのが、遊牧民の匈奴でした。匈奴の首長（単于）となった冒頓単于は、まず東西の諸民族を従属させ、モンゴル高原全土を支配下に置きました。続いて、前漢を建国した劉邦（➡第二期1巻P24）と戦い、勝利をおさめました。その結果、匈奴は前漢から毎年多くの貢ぎ物を受けとり、比較的平穏な関係を築きました。しかし、前漢第7代の武帝は匈奴に対して戦いをしかけ、何年にもわたる大規模な争いとなりました。この戦いで、匈奴と前漢はともに国力を大きく消耗させました。また、匈奴の力をそぐために、武帝は匈奴を援助していた河西地域（現・甘粛省）や朝鮮半島の勢力も攻撃し、これらの地域を直接統治することに成功します。このように前漢と匈奴の争いは、他地域にまで影響をおよぼしました。

匈奴の南北分裂と諸民族の移動

前漢中期以降、寒冷化により大きな被害を受けた匈奴では、複数の単于がならびたつ分裂状況が続きました。そのひとりである呼韓邪単于は前漢に降伏し、その援助のもと匈奴を統一します。その後、前漢末期からの政治や社会の混乱を背景に、烏丸や鮮卑などの諸民族を服属させた匈奴は、後漢に対し優位な関係を築きます。しかし、毎年のように自然災害が匈奴を襲い、服属していた諸民族が反乱を起こすなかで、単于の後継者争いも起き、匈奴は南北に分裂してしまいました。後漢に服属した南匈奴は、北匈奴を西方に追いやる一方で、自らは後漢の北辺に居住するようになります。その後、大興安嶺（➡第二期1巻P4）の北部にいた鮮卑が北方にとどまった匈奴を吸収しながら勢力を拡大し、モンゴル高原のあらたな支配者となりました。

もっとくわしく

ズボンとスカート

現在、ズボンとスカートは性別や好みなどにもとづいて着用されている。しかし、この2つは、もともと生業によってつかいわけられていた。ズボンは、ユーラシア大陸（➡第二期1巻P4）の遊牧民が馬にまたがりやすいように発明されたと考えられている。遊牧民のズボンは、戦国時代（➡第二期1巻P18）に騎馬とともに中国に伝わったが、一般的にはかれるようになるのはのちのことだった。ズボンが一般化する前の中国では、男性も女性もワンピース型の服を着ていた（➡P28）。

匈奴の王族の墓から出土したズボン。
出典：梅原末治『蒙古ノイン・ウラ発見の遺物』（東洋文庫、1960年）

烏丸：春秋時代に、モンゴル高原の東方にいた「東胡」という遊牧民の末裔。もともとは匈奴に従っていたが、2世紀には後漢に服従と反乱をくりかえした。後漢末期には、有力者と提携して勢力を拡大したが、曹操（➡P5）の攻撃によって大きな打撃を受けた。

鮮卑：東胡の末裔で、おもに狩猟・牧畜を生業とし、農耕もおこなっていた。2世紀なかばには、君長の檀石槐が鮮卑を統一し、モンゴル高原に大きな勢力を築いた。しかし、檀石槐の死後はふたたび分裂し、現在の遼寧省西部や甘粛省などに分布した。

五胡十六国時代の匈奴の国・夏の首都の遺跡「統万城」(陝西省)。一部の城壁や城門などが残されている。「中国を統一し、万国の頂点に君臨する」という君主の意欲から「統万城」と名づけられた。

4 躍動する胡族：五胡十六国時代
（4世紀前半〜5世紀なかば）

華北では、西晋を滅ぼした南匈奴をはじめ、複数の胡族がそれぞれ王朝を打ちたてて漢族の君主となるという、これまでになかったできごとが起こりました。このことは、その後の中国に大きな影響をおよぼしました。

■ 胡族たちの建国

　304年10月、匈奴出身の劉淵が西晋からの独立を宣言します（→P9）。一方、蜀地域（現・四川省）では氐出身の李特（?〜303）が独立を宣言し、304年には子の李雄が成都王を名乗りました。これが、およそ150年間続く五胡十六国時代のはじまりです。この時代は、おもに五胡（匈奴・鮮卑・羯・羌・氐）という複数の胡族によって、華北を中心に十六国（さまざまな国）＊があらわれては衰退しました。五胡のほとんどは、それ以前からじょじょに中国領域内に移住してきた胡族たちの子孫でした。五胡君主は自らの出身民族を中核にした軍隊をつくり、それを中心に五胡諸国を建国・維持しました。そのため、多くの五胡諸国では、五胡を漢族と別の組織で統治する胡漢二重体制を採用しました。

＊実際には16以上の国が誕生・滅亡したが、そのなかのおもな国ぐにが「十六国」とよばれている。

● 五胡十六国時代のおもな国ぐに

民族	国	年
匈奴	前趙	304〜329
	夏	407〜431
	北涼	397〜439
羯	後趙	319〜351
鮮卑	前燕	337〜370
	後燕	384〜407
	※西燕	384〜394
	南燕	398〜410
	西秦	385〜431
	南涼	397〜414
	※代	310〜376
氐	成漢	304〜347
	前秦	351〜394
	後涼	386〜403
羌	後秦	384〜417
漢族	前涼	301〜376
	西涼	400〜421
	北燕	407〜436
	※冉魏	350〜352

十六国には、漢族が建てた国もふくまれる。また、「※」は十六国にふくまれない国を示す。多くの国が誕生し、十数年から数十年のうちに滅んだ。

用語解説

氐：現在の甘粛省南部から四川省北部にかけて、農業や遊牧をしながらくらしていた民族。後漢後半から三国時代には、現在の陝西省・山西省にまで居住域を広げ、西晋末期には陝西省南部を拠点とした略陽氐族が知られた。

羯：匈奴の一種族とされる民族。上党郡（現・山西省）の羯室という地域に住んでいたので、「羯胡」とよばれるようになったともいわれる。319年、羯の石勒が、それまで従っていた前趙から自立して後趙を建国した。

五胡君主の悩み

　五胡君主を悩ませたのが、「華夷思想」でした。華夷思想とは、中華（漢族）が夷狄（胡族）よりもすぐれているという考えです。この時代にも、漢族を中心に、胡族は皇帝になれないという考え方がありました。こうした考えから、五胡君主のなかには、自身を「皇帝」ではなく、一段下の「天王」とする者もいました。

　それに対して、すぐれた人物であれば、民族に関係なく皇帝になれるという考え方が主張されはじめます。この考え方をさらに進めて、五胡が江南の漢族王朝・東晋（→P16）を「南蛮（南方の異民族）」とよぶという、従来とは逆転した現象も出てきました。胡族が漢族の君主になったという現実が、このような華夷思想のゆらぎを生みだしたのでした。

淝水の戦い

　351年、氐出身の苻健（?～355）が、長安（現・陝西省西安市）を首都として前秦を建国します。苻健の甥で3代目の苻堅（338～385）は、まず学問の奨励や官僚機構の整備など内政に力を入れました。次いで、積極的に五胡諸国への攻撃をおこない、数十年ぶりに華北の統一をはたします。

　383年、苻堅は江南の東晋へ攻撃を開始します。自ら胡族・騎馬あわせておよそ90万の軍隊を率いて南下した苻堅でしたが、淝水（現・安徽省中部の川）のほとりで東晋軍に大敗を喫し、かろうじて首都長安に逃げかえりました。この戦いののち、前秦に従っていた諸民族が各地で自立し、華北はふたたび分裂の時代をむかえます。また、この戦いの結果によって、その後200年ものあいだ、華北と江南の国家が対立することとなりました。

●淝水の戦い

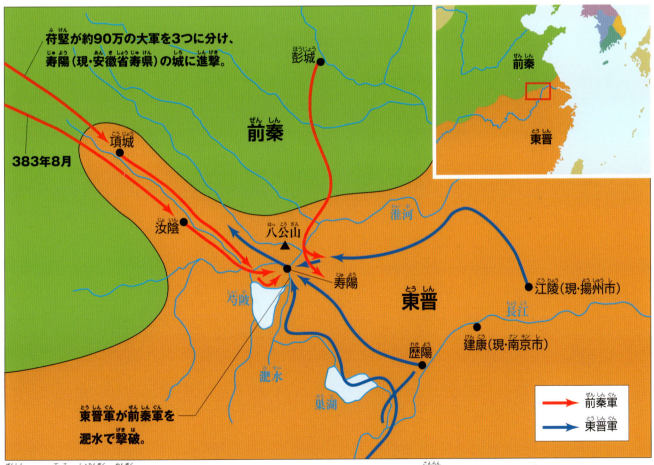

前秦の軍は五胡の諸民族や漢族から成る混成軍で結束力が弱く、開戦後まもなく先頭の軍団が敗れると混乱におちいり、全軍総くずれとなった。

出典：朴漢済『中国歴史地図』（平凡社、2000年）を元に作成

羌：青海を中心とした中国西北辺境一帯に住み、遊牧をおもな生業とした民族。後漢以後は、移住政策により、現在の甘粛省・陝西省・山西省に移住させられた。107年に起きた羌族の反乱は10年以上も続き、後漢に大きな損害をあたえた。

北魏の騎兵（馬に乗った兵）の人形。鮮卑の軍隊のなかには、人間・馬ともに鎧を着る重装騎兵がいた。　写真：ユニフォトプレス

5 北朝：華北の胡族王朝
（4世紀後半～6世紀後半）

五胡十六国が誕生と滅亡をくりかえすなか、五胡のうちのひとつ・鮮卑が北魏を建国し、勢力を拡大します。
北魏は漢族の政治制度や文化を積極的に取りいれました。

鮮卑拓跋部の建国

　五胡十六国時代、鮮卑の一部族・拓跋部によって、モンゴル高原から華北地域を領有する代国が建てられます。前秦の苻堅の攻撃により滅亡した代国でしたが、淝水の戦い（➡P13）ののち、前秦から自立した代国王族の末裔・拓跋珪（371～409）は自ら皇帝に即位し（道武帝）、北魏を建国しました。
　道武帝は、まずこれまで拓跋部につかえてきた胡族を中核とした支配者集団「代人」をつくり、民衆と別の戸籍をあたえました。代人は漢族をふくむ複数の民族が入りまじった集団で、彼らが北魏軍の中核をになりました。道武帝は少ない兵力を有効につかうために、代人を首都平城（現・山西省大同市）付近に集中させ、非常時に派兵するという方法を採用します。この方法は大きな成果をおさめ、第3代太武帝のときには華北統一をはたしました。

用語解説
均田制：485年、北魏ではじまり、北朝から隋・唐を通じておこなわれた土地制度。また、古代日本で実施された班田収授法の手本にもなった。北魏では、原則として土地は国が所有するものとし、人びとに土地を均一にわけあたえて耕作に従事させた。

孝文帝の改革

　華北統一によって領域が急激に拡大したことで、北魏は兵力を増強する必要が出てきました。そこで、第6代孝文帝(467~499)はそれまで徴兵の対象ではなかった民衆を動員するため、領域内の人口を調査しました。その結果、領域内の人間は民族などにかかわらず、原則的に同じ戸籍で把握されることになります（編戸）。のちに、代人も同じ戸籍に統合されます。民衆は兵役の義務を負担する代わりに、均田制により農作地があたえられました。また、この戸籍制度により、歴代王朝が採用してきた胡漢二重体制(➡P12)が解消されました。さらに、孝文帝は代国に由来する祭祀＊や官職などを廃止し、胡族の胡服着用や胡語使用を禁じるなど、政治的・文化的に民族の垣根を取りはらう「漢化政策」を実施しました。

＊神や祖先をまつる儀式。とくに中国の皇帝がおこなう祭祀は、国家を運営するうえで非常に重要な行事とされていた。

民族の対立と融合

　第8代の孝明帝のとき、北方の辺境地帯を守っていた軍人たちが起こした反乱をきっかけとして、北魏は東魏と西魏に分裂します。

　東魏では、孝文帝の評価をめぐる対立が存在し、この対立は東魏から帝位をゆずられて成立した北斉にも引きつがれます。孝文帝の漢化政策の側面だけを継承しようとした北斉でしたが、その内部では胡族が漢族を軽蔑するなど依然として両者の対立が見られました。

　一方、東魏に比べて劣勢だった西魏では、理想の王朝とされる周(➡第二期1巻P12)の制度をシンボルとして、胡族と漢族を融合した支配層「関隴集団」をつくりだしました。西魏から帝位を引きついだ北周の第3代武帝は、577年に北斉を破り、華北の統一をはたしました。

もっとくわしく

雲崗石窟

　雲崗石窟は、5世紀後半の北魏の時代に、現在の山西省大同市の西方15kmのところにつくられた石窟寺院（岩山に彫りこんだ洞窟状の寺院）である。東西の長さはおよそ1kmにわたる。

　北魏の第3代太武帝は仏教(➡P26)への弾圧（廃仏）をおこなったが、第4代文成帝は即位後ただちに廃仏を撤回し、仏教保護政策を進めた。これを受けて、首都平城の西に石窟寺院が建立されたのが、雲崗石窟のはじまりである。このときにつくられた第16窟～第20窟には、亡き5人の皇帝の冥福をいのるために、その姿に似せてつくられた仏像がおさめられたといわれる。

　洛陽に都をうつしたあとも、規模は小さくなるものの北魏末期まで制作は続けられた。その後、12世紀の金の時代に大規模な修復がおこなわれたが、石窟の存在はほとんど世に知られることはなかった。20世紀に雲崗石窟を訪れた日本人研究者の報告によって、雲崗石窟は世界的な注目をあびることとなった。

北魏の皇帝に似せてつくられたといわれる第20窟の仏像。雲崗石窟は2001年に世界遺産（文化遺産）に登録された。

漢化政策：北魏でおこなわれた、鮮卑の言語や服装、姓名を漢族風に改める政策。孝文帝は部族名から転用された胡姓（拓跋氏）を廃止して、漢族風の姓に改めた。また、胡族に対して、姓が同じ者どうしの婚姻を禁止する一方で、家柄のランクが等しい漢族との婚姻を推奨した。

現在の江南の田園風景（南京市の農村地域）。自然にめぐまれた江南は、西晋滅亡後に移りすんだ人びとによって本格的な開発が進められ、豊かな穀倉地帯となっていった。

6 南朝：江南の漢族王朝
（4世紀前半～6世紀後半）

西晋の滅亡後、華北で五胡が活躍する一方、多くの漢族は長江の南の地域・江南へと移りすみ、その地で王朝が誕生します。

江南への移動

西晋の滅亡を受けて、江南にいた皇族の司馬睿（276～322）は、建康（現・江蘇省南京市）で即位し、東晋を建国しました。これ以降、江南では、宋・斉・梁・陳の漢族王朝（南朝）が興亡をくりかえします。

西晋末期の混乱によって、華北の農民の多くが土地を失い、流民となりました。流民のなかには西の河西地域や東の朝鮮半島などへ向かう者もいましたが、その大部分が江南に流入しました。これにより、江南の人口は大幅に増え、流入した農民はあらたな土地を開墾していきます。湿潤な気候にある江南で土地が開発された結果、江南の農作物収穫量が増加しました。また、江南へ向かう人の流れのなかには、華北の貴族や、流民を軍団化して率いた者たちもふくまれていました。彼らこそ、江南の漢族王朝を、土着の有力者とともに支えた人びとでした。

貴族・軍人・寒門

東晋時代には、戦いには軍人だけでなく、貴族も参加していました。たとえば、383年の淝水の戦い（→P13）で総司令官として前秦軍をむかえうったのは、名門貴族出身の謝玄でした。しかし、その後の貴族は戦うことをやめ、戦いなどの軍事はもっぱら軍人が担当するようになります。これにより、じょじょに実力をたくわえた軍人のなかから、ついに皇帝があらわれました。東晋滅亡後の宋から陳までの建国者は、すべて軍人でした。このことは、この時代に軍人が大きな力をもったことを意味します。

貴族は次第に政治への関心も失っていきます。このとき、貴族の代わりに政治をおこなったのは、皇帝を後ろ盾とする「寒門」「寒人」とよばれる身分の低い人びとでした。軍人とともに彼らを結集して梁を建国したのが、斉の軍人・蕭衍（武帝、464～549）でした。

用語解説

宋（420～479年）：寒門出身で東晋の将軍・劉裕（363～422）が建てた王朝。劉宋ともいう。戸籍の一元化や首都建康を中心とした制度を設ける一方で、寒門・寒人層が台頭するなど、のちに続く南朝の基礎を築いた。

斉（479～502年）：寒門出身で宋の将軍・蕭道成（427～482）が建てた王朝。南斉ともいう。建国当初は政治・社会の安定につとめたが、のちに寒人層の台頭が進行したのに加え、皇帝および皇族間の内紛によって、24年という短命に終わった。

宋の北伐から侯景の乱へ

　東晋は失われた華北の回復を目標としたため、移住者は江南のもともとの住民と異なる戸籍をつくり、江南が仮住まいの地であることを示しました。東晋は一時的に、かつての西晋の首都だった洛陽を獲得したものの、東晋のあとに誕生した宋の第3代文帝が北魏進攻（北伐）に失敗すると、華北回復の動きは急速に失われていきます。それに対応して、宋の第4代孝武帝は、移住者ともとの住民の戸籍を一本化し、洛陽に代わって首都建康を中心とする制度を整えました。

　その後、梁の武帝の末期、東魏から降伏してきた軍人・侯景が突如、建康を陥落させます（侯景の乱）。乱をきっかけとした梁の皇族の権力争いが続くなか、西魏が進攻し四川などを領有することに成功します。このように、梁末期には、固定化していた華北王朝と江南王朝の領域に変化があらわれました。

●華北と江南の王朝の移りかわり

※4世紀後半のようす。

※5世紀後半のようす。

※540年代のようす。

※570年代のようす。

出典：亀井高孝等編『増補版 標準世界史地図』（吉川弘文館、2016年）所載図を元に作成

梁（502〜557年）：南斉の皇帝一族である蕭衍（武帝）が建てた王朝。武帝は48年にもわたって国をおさめ、貴族制の再編や律令（刑罰や政治・経済に関する規定）の編纂をおこなうとともに、仏教や学問を奨励した。しかし、武帝の死後は混乱が続いた。

陳（557〜589年）：呉興（現・江蘇省呉興）で生まれた陳覇先（503〜559）が建てた王朝。南朝で江南出身者が建国したのは、陳だけである。また、南朝のなかでもっとも支配領域が小さな王朝だった。

もっと知りたい！

5・6世紀の東アジア情勢

5世紀、「倭の五王」が、中国大陸や朝鮮半島の状況に大きな影響を受けながら、中国へ使者を派遣します。

「倭の五王」のつかい

「倭の五王」とは、中国の史料に登場する讃・珍・済・興・武の5人をさします。彼らは、65年間に10回ほど、東晋や宋へ使者を派遣しました。

4世紀、朝鮮半島では高句麗が勢力をのばし、南の百済などへ進攻しました。百済は倭と同盟を結び、高句麗に対抗します。

410年には、東晋が山東半島を領有します。当時、倭から中国大陸へは、朝鮮半島にそって船で北上し、山東半島に上陸するルートがとられました。そのため、倭にとって山東半島は重要な場所でした。さらに、そこは高句麗の領域の対岸にあり、そこを東晋が領有したことは高句麗にとって大きな脅威となりました。そこで、倭の王は東晋と関係を結び、高句麗に対抗して朝鮮半島での地位向上をめざしたと考えられます。約150年ぶり*となる413年の倭の使者の派遣は、このような状況のもとでおこなわれました。

*266年に倭の女王（卑弥呼の次の女王とされている）が西晋に使者を送ったことが、中国の歴史書に記録されている。その後の約150年間は、中国の王朝と倭の交流の記録が残されていない。

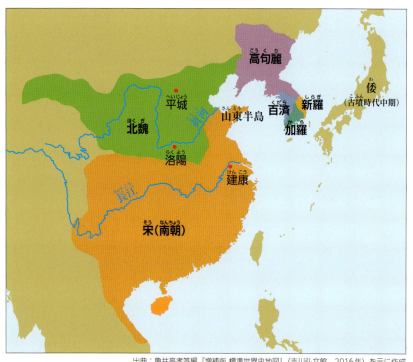

●5世紀の東アジア

出典：亀井高孝等編『増補版 標準世界史地図』（吉川弘文館、2016年）を元に作成

奈良県の石上神宮に伝わる「七支刀」。刀にきざまれた文章から、4世紀に百済が倭に贈ったものと考えられている。当時の百済と倭の関係がうかがえる貴重な史料。

石上神宮所蔵

用語解説

高句麗：中国東北地方から朝鮮半島北部を支配した国。紀元前から活動が見られるが、3世紀から国力を増しはじめ、朝鮮半島中・南部に進攻しつつ、中国王朝ともくりかえし交戦した。668年、唐と新羅（➡P23）の連合軍によって滅ぼされた。

東アジア情勢の変化

中国の江南では、420年に東晋から宋へと王朝が変わります。倭は、朝鮮半島南部における優位性を確保するために、軍事支配権や、高句麗・百済と同じ地位を認めてもらおうと宋にも使者を送りました。

しかし、469年、華北の北魏が宋から山東半島を奪い、東夷諸国が宋へ使者を送ることに対して監視を強めました。一方、宋は山東半島の南側に東夷諸国の寄港地を置きますが、その地ものちに北魏に奪われてしまいます。こうして480年代には、江南の王朝への使者の派遣が地理的に困難となりました。さらに、475年には、高句麗が倭の同盟国だった百済の都を陥落させます。こうした情勢を背景に、倭のつかいは478年を最後にとぎれました。

描かれた帝国

540年代、梁武帝の即位40年を記念して、武帝の息子が貢ぎ物をもってきた諸国の使節などの姿を描かせた「梁職貢図」という絵があります。そこには、梁に従うと考えられた国ぐにの使者が描かれていて、梁帝国の全貌を見てわかるように表現したものといえます。

現在残っている諸国の説明書きには、中国大陸の異民族に加えて、中央アジア・北アジア・南アジア・東アジア諸国など20あまりの国が記され、梁が幅広い地域の国ぐにと交流したようすがうかがえます。さらに、「大国」や「小国」など、梁が交流した国ぐにをどのように見ていたかがわかるランクや、記された国がどのような国ぐにを従えていたかなども記されています。その一方で、この職貢図には、派遣が確認できない倭の使者が描かれているなどのなぞも残されています。

「梁職貢図」(横に長い1枚の巻物状の絵を、2段に分けて掲載している)。囲みの部分の人物が、倭の使者。

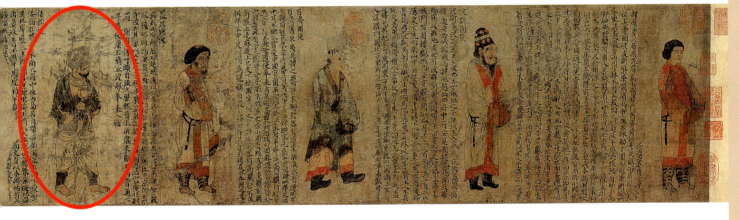

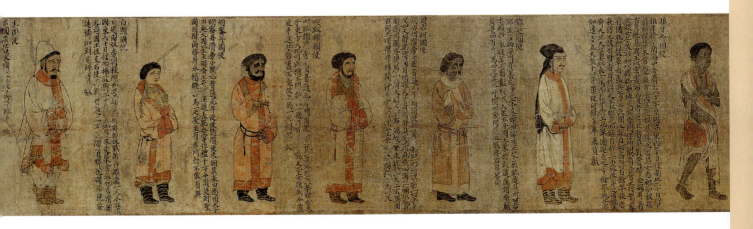

百済：4世紀なかごろ、馬韓地方(朝鮮半島南西部)の韓族を統合し、漢城(現・ソウル)に都を置いた。その後は、倭と提携しながら高句麗の南進に対抗した。660年に唐・新羅連合軍に滅ぼされた。

北京市から浙江省杭州市を結ぶ京杭大運河（写真は江蘇省無錫市を流れる大運河の一部）。隋の第2代煬帝が完成させた運河をもとに、以後、歴代の王朝によって整備や新しいルートの開発が進められてきた。

7 隋の中国統一
（581年～618年）

400年ぶりの中国統一をはたした隋は、38年間という短命だったにもかかわらず、のちの時代に続く重要な制度などをつくりだした王朝でした。

■ 隋の成立と中国統一

581年、華北では、北周の外戚＊の楊堅（541～604）が幼い静帝から帝位をゆずりうけ、隋を建国しました。

楊堅（文帝）は、最大の敵だったモンゴル高原の遊牧国家突厥に対して、内部で仲たがいするように仕向けて分裂させたのちに、攻撃をしかけ勝利しました。その後、文帝は、北方の長城を修理し突厥の進攻に備えます。北の脅威を排除した文帝は、588年10月、満を持して江南の陳に兵を進め、翌年1月には井戸にかくれていた陳最後の皇帝をとらえ、陳を滅ぼしました。こうして、後漢末期からおよそ400年間続いた分裂の時代が終わり、中国の南北が統一されました。

＊皇帝の母親や妃の親類のこと。楊堅は自分の娘を宣帝（静帝の父）の皇后にし、政治の実権をにぎっていた。

もっとくわしく
楊堅の出身

楊堅は、自身の出身を漢族の貴族の家系だとしているが、その祖先は北魏初期に胡族・漢族両民族がまじりあう北方の辺境に移住し、鮮卑など胡族との婚姻も確認されている。このような素性をもつ楊堅は、胡族の影響を強く受けた人物だった。

皇帝に即位した楊堅（文帝）の肖像画（唐の時代に描かれた絵を模写したもの）。

用語解説

突厥：6世紀なかばからおよそ2世紀にわたり、モンゴル高原を中心とした広大な地域を支配した遊牧民およびその国家。北斉・北周に圧力を加えたが、隋の離間策（仲たがいをさせようとする策）によって583年に東西に分裂。630年には東突厥が唐に服属した。

長城：戦国時代の国ぐに（→第二期1巻P18）が北方諸民族に備えてつくった城壁を、秦の始皇帝が修築し、つなげたことにはじまる。これ以降、中華世界と北方世界を区切る境界であると同時に、両者の交流の場ともなった。現在の長城は明代につくられたもの。

文帝の改革

秦の始皇帝は全国に郡県制を施行しました（➡第二期1巻P23）が、後漢時代に郡の上に州が加わって以降、地方行政制度は州・郡・県の三級制になりました。文帝はこの行政組織から郡を除いて州・県に整理し、官僚の数を減らしました。また、それまでの地方長官は、地方官を採用する権限や独自の軍事力を所有する権限をもちましたが、文帝はそれらの権限をすべて中央に集め、地方長官が中央から自立する基盤を奪いました。さらに、家柄を基準にして貴族を生みだす制度に変わっていた九品官人法（➡P5）を廃止して、有能な人材を幅広く採用するためにあらたな官僚登用制度として「科挙」を創設しました。科目試験をおこない官僚を採用する科挙は、清末期まで1300年以上にわたりおこなわれます。このように、文帝は、統一王朝にふさわしい制度をつくりだしたのでした。

煬帝の治世

陳の討伐の総司令官をつとめた文帝の次男・楊広（569～618）は、604年文帝の急死を受け皇帝に即位します。彼が、隋の第2代煬帝です。即位後、弟の反乱を鎮圧した煬帝は、その翌年に首都大興城（現・陝西省西安市）とは別に洛陽に城をつくり（東都）、そこを事実上の首都としました。さらに、黄河から長江までの運河をつくります。これによって、中国史上はじめて華北と江南という2つの地域が運河によって結ばれました。これは、農作物の収穫量が増加した江南から、多くの人口をかかえる華北へ物資を運ぶための工事でした。一方で、この工事には男性だけでは足りず女性も動員され、のべ100万人あまりの人間がかりだされました。このようにして完成した運河は、現在でも中国の重要な交通路として用いられています。

煬帝の肖像画（唐の時代に描かれた絵を模写したもの）。

煬帝が船で中国の南方へ巡幸するようす（清の時代に描かれた絵）。煬帝は「竜船」という豪華な船に乗り、自身が完成させた運河を遊覧したという。　写真：ユニフォトプレス

科挙：文帝の治世下ではじまった、官僚登用のための資格試験。唐代のはじめには、秀才科（政策）・明経科（儒教の経典）・進士科（詩文）の3つの科があり、官学（国家が設立した学校）の卒業生や、地方長官から学力を認められた者が、年に1度の試験を受けることができた。

2013年3月、江蘇省揚州市で煬帝のものと見られる墓が発見され、中国考古学会の調査の結果、煬帝と妃の墓であることが確認された。
写真：Imaginechina/アフロ

8 隋の滅亡から「天可汗」の誕生へ
（581年〜630年）

618年に隋は滅亡し、唐があらたに中国を支配しました。唐の第2代 太宗は、北方遊牧民の最高権力者として「天可汗」とよばれるようになります。これは、あらたな中国の誕生を象徴するできごとでした。

隋の対外政策

隋の建国時、文帝にとって最大の敵は北の突厥（➡P20）でした。6世紀なかばにモンゴル高原で栄えた突厥は、華北で対立していた北斉と北周をコントロールし、両国から多くの贈り物を受けとっていました。583年、文帝は突厥を東西に分断することに成功し、東突厥は隋に従います。

607年、煬帝が北方に巡幸すると、東突厥の首長は自らのもとに訪れていた高句麗の使者を煬帝にひきあわせます。自分の即位後、隋に使者を送ってきていない高句麗に対し、煬帝は威嚇とともに黄河と涿郡（現・北京市付近）を結ぶ運河をつくり（➡P21）、高句麗への遠征に備えました。ついに612年から3年間にわたり煬帝は高句麗に遠征しつづけますが、すべて失敗に終わります。それをきっかけとして、中国全土で反乱が相次ぐなか、煬帝は殺害され、隋は事実上滅亡します。中国は、次の王朝・唐の時代をむかえました（➡第二期3巻P4）。

突厥の武人たちの墓石といわれる「石人」。突厥が活動した地域（現在の新疆ウイグル自治区やキルギス、カザフスタンなど）の草原に多く残されている。

用語解説

可汗：中央・北アジア遊牧民の首長・君主の称号。五胡の多くが「単于」号を用いるなかで、北魏を建国した拓跋部の首長が「可寒」号を用いはじめたことが確認されている。のちにモンゴル帝国を建国したチンギス・カンなど、モンゴルの首長号（カン・カアン）も可汗号を受けついだものである。

「天可汗」の誕生

630年、唐の第2代太宗は、隋末期の混乱に便乗して勢力を復興させた東突厥を破り、その可汗をとらえました。このとき、東突厥に従っていた西北の諸民族は、太宗に「天可汗」の称号を献上します。「可汗」とは、北方遊牧民の首長の称号であり、これにより太宗は中国と遊牧世界の長をひとりで兼ねたことになります。モンゴル高原と中華世界にまたがる広大な領域を支配した太宗の天可汗の称号は、北の遊牧世界と南の中華世界の融合という、あらたな中国の誕生を象徴するできごとだったのです。

> **もっとくわしく**
> ### 「日出づる処」の使者
>
> 600年、およそ120年ぶりに倭の使者が隋にやってきた。その7年後、推古天皇と摂政・聖徳太子はふたたび使者を隋に派遣したが、煬帝は倭の国書*を読んで怒った。怒りの原因は、「日出づる処の天子、書を日没する処の天子に致す（日がのぼる国の皇帝が、手紙を日の沈む国の皇帝に送ります）」と、倭と隋が対等な関係にあることを示す様式の国書だったからである。しかし、翌年、煬帝は倭に対し返礼の使者を派遣した。
>
> 遣隋使が訪れたのは、隋が高句麗遠征の準備を進めていたときのことだった。高句麗の地続きである新羅や百済とさかんに交流し、大国と評された倭を敵に回すことを、煬帝は望まなかった。このように、倭と隋の関係は、東アジア全体の国際情勢を受けて成りたっていたのである。
>
> ＊一国のリーダーが、その国の名前をもって出す外交文書。

唐太宗の墓である昭陵に設置された像。昭陵には、太宗に従った異民族の首長の像が14体設置されていた。　写真：ユニフォトプレス

聖徳太子を描いたとされる肖像画（複製）。聖徳太子は中国の進んだ制度や文化を取りいれるために、小野妹子らを遣隋使として隋につかわし、多くの留学生や僧を同行させた。

新羅：朝鮮半島南東部にあった辰韓諸国が統合して、4世紀のなかごろに成立した。6世紀に勢力をのばし、7世紀には唐と連合して百済・高句麗を滅ぼし、朝鮮半島を統一した。しかし、9世紀なかばから内乱が続き、935年滅亡した。

中国の各地には「道観」とよばれる道教の寺院が多くある。写真は北京市にある白雲観という道観で、もともとは唐代の8世紀に建てられたとされる（現在の建物は清代に再建されたもの）。

9 黄巾の乱と道教の成立
（1世紀後半〜6世紀後半）

現在、中国の民間宗教ともよばれる道教は、後漢王朝の後半ごろから、老子や荘子の教え（道家思想、➡第二期1巻P21）を吸収して登場したあらたな宗教でした。

■「太平道」と「黄巾の乱」

後漢では第4代和帝のころから、政府内では皇后の親戚である外戚と宦官の権力争いが起き、領域の西部では羌が反乱を起こすなど、さまざまな問題があらわれます。一方、自然災害や貧富の拡大により、困窮した農民が多く出現しました。このとき彼らの心をとらえたのが、自分のおかした罪を告白することで病気をなおす「太平道」という教えでした。太平道は、創始者・張角を頂点として、数十万人の信者をもつ教団に成長します。184年、張角は「蒼天すでに死す、黄天（太平道）まさに立つべし」と予言し、太平道の信者たちが蜂起します。このとき信者が黄色の頭巾を巻いたことから、「黄巾の乱」とよばれます。のちに信者以外の民衆も巻きこみながら拡大した反乱は、後漢が滅亡するきっかけとなりました（➡P4）。

用語解説
宦官：宮廷で使役された、去勢された男性。皇帝や後宮に接する機会が多いため、政治上の実権をにぎり、王朝の運命を左右することもあった。後漢・唐・明は、とくに宦官が政治に悪影響をあたえた王朝として知られる。

「五斗米道」の王国

　太平道の成立と同じころ、漢中地域（現在の陝西省南部から四川省）に、張陵がはじめた教えがさかんになりました。入信するときに五斗（約10リットル）の米を出させたため、この教えを「五斗米道」とよびます。五斗米道は病気の人びとを治療するとともに、積極的によいおこないをすることを奨励しました。たとえば、一定の距離ごとに施設をつくり、そこで信者から集めた米などを無償で提供し、貧しい者を援助しました。こうして、3代目の指導者・張魯のときには、五斗米道は、漢中地域に20年ものあいだ独立した宗教王国を築くことになります。そこでは、信者が24の「治」（教区）によって統率されました。215年、曹操に降伏した張魯は、首都洛陽周辺での宗教活動を許されます。このときの活動により、民衆だけではなく支配者層も信者に加わることとなりました。

もっとくわしく
黄巾を巻いた理由

　古代中国では、あらゆるものが5つの要素（木・火・土・金・水）で構成されるという「五行説」が生まれた（→第二期1巻P21）。すべての王朝は、5要素のうちどれかひとつを王朝の「徳」として選び、対応する色を王朝のシンボルカラーにした。たとえば、後漢王朝は火徳で、シンボルカラーは赤色。太平道が用いた黄色は土徳のシンボルカラーで、五行の相生説では、後漢王朝の赤色の次にくる色だった。太平道の信者が黄巾を巻き、「黄天まさに立つべし」と予言したのは、自らが後漢をつぐことを主張するためだった。

5要素の関係を表した図。青線が相克説（矢印の先のものに勝つ関係）、黒線が相生説（矢印の元のものが先のものを生みだす関係）。

出典：橋本敬造『中国占星術の世界』（東方書店、1993年）所載図を元に作成

道教の成立

　太平道も五斗米道も病気の回復という、この世の利益を重視しました。このような「現世利益」の考え方を重視するのが、道教の特徴です。また、太平道・五斗米道ともに、信者を序列化した組織（教団）が見られます。

　5世紀には、五斗米道の流れをくむ「天師道」が、江南地域で信者を獲得していきます。同じころ、華北地域では、北魏の道士（道教の僧）・寇謙之が「新天師道」をとなえ、皇帝自らがそれを信仰し国家宗教に指定するまでになります。このように道教がさかんになった理由として、現世利益の教えが貧しい人びとの心をとらえただけではなく、漢代までさかんだった儒教が本来の教えと異なってしまい、知識人にとって魅力が失われたことなどがあげられます。

　その後、道教は仏教の教えなども取りいれながら、中国の民間宗教として今にいたるまで多くの人びとの信仰を集めています。

古代中国の思想家・老子。道教では「太上老君」という神と見なされる。水牛に乗った姿がよく描かれている。　出典：『三才圖會』（国立国会図書館所蔵）

王朝の徳：中国の王朝はそれぞれ五行のうちからひとつを選び、それを王朝の徳とした。北魏は、建国当初自らの徳を土徳としたが、孝文帝のときに水徳に改めた。このように、途中で徳を改める王朝も存在した。

甘粛省敦煌にある仏教遺跡・莫高窟。4世紀なかばから、約1000年にわたって700もの石窟が掘りすすめられた。石窟内には美しい仏像や壁画が残されていて、1987年には世界遺産に登録された。

10 中国仏教の成立
（紀元前後〜581年）

古代インドで誕生した仏教が、中国の人びとに受けいれられ、中国の宗教となっていくまでには、長い時間がかかりました。

仏教の伝来と受けいれ

仏教が中国に伝わったのは紀元前後のころ（前漢〜後漢時代）ですが、広く受けいれられるのには、長い時間がかかりました。当初は、古代インドの言葉で書かれた仏教の経典を西域の僧が翻訳し、仏教を広めました。西晋時代になると、漢族の僧が中国の人びとに身近な老子や荘子の教えを借りて、仏教を説明するようになります。その後、東晋時代には、僧・道安と弟子の慧遠によって中国仏教の基礎がかたちづくられました。こうして、仏教は中国で多くの人びとの信仰を集めるようになります。この時期に仏教が受けいれられたのは、伝統的な儒教や道教では重視されなかった「人の死」について、仏教の来世（あの世）という教えが役立つと考えられたからだとされます。戦乱が続くなか、人びとにとって死はつねに身近な問題だったのです。

●仏教の広がり

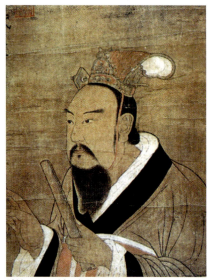

江南の王朝・梁の武帝（→P17）は、仏教を熱心に信仰し、多くの寺院を建立。仏教の黄金時代をつくり、「皇帝大菩薩」とよばれた。

出典：五味文彦等著『新しい社会 歴史』（東京書籍、2011年）を元に作成

用語解説

仏教：インドのガウタマ・シッダールタ（ブッダ）を開祖とする宗教。現在の生涯は、過去から未来にわたる多くの生涯の連鎖のひとつであり、過去の生涯が現在・未来の生涯を決めるという「輪廻説」を説いた。

西域：古くから用いられた中国西方諸国の総称。タリム盆地のオアシス都市国家群に限定して用いられることもあり、前漢の武帝のころには36の国が存在した。当初は匈奴に服属していたが、のちに前漢・後漢の支配下に入った。

胡族と仏教

　中国にとって外国の宗教である仏教は、漢族に排除されることもありましたが、異民族出身の五胡の君主たちは進んで仏教を受けいれました。胡族君主たちの信仰を勝ち得た僧侶たちは積極的に政権と結びつき、国家の保護のもと仏教を広めていきます。北魏では、僧を管理する僧官を任命し、国家の仏教統制がさらに強まりました。

　一方で、胡族君主のもと、勢力を拡大した仏教を禁止する動き（廃仏）も見られます。北魏第3代太武帝は、反乱討伐の際に長安の寺から大量の武器が見つかったことを理由に、寺や仏像の破壊および僧侶の殺害を命じました。また、北周第3代武帝は、574年に仏教・道教禁止の命令を下して、仏像などを破壊し、僧侶や道士を還俗＊させました。

＊僧になった人が、俗人（僧に対して、世間一般の人をさす言葉）にもどること。

仏教の復興

　廃仏により大きな被害を受けても、そのたびに仏教は再興しました。北周の武帝の廃仏後、仏教の復興につとめたのは隋の文帝でした。寺で生まれ育ったという伝承が残る文帝は、即位直後、五岳（5つの山）という古来より皇帝が祭祀をおこなう名山に寺院を建立します。中国の伝統的信仰の対象であった五岳に皇帝自らが仏教寺院を建てたことは、仏教が中国の宗教と認められた証拠といえます。さらに、隋の都大興城に大興善寺、全国には大興国寺を設けました。隋の仏教復興事業は、倭（日本）にも伝わりました。その後も弾圧を受けることはありましたが、現在にいたるまで仏教は多くの中国人の信仰を集めています。

北魏時代の仏像。日本でも6世紀ごろに仏教が伝わって以来、北魏の仏像の特徴を受けついだ「北魏様式」とよばれるスタイルの仏像がつくられた。　撮影：著者

もっとくわしく
求法巡礼の旅

　260年、漢族の僧侶・朱士行は、仏の教えをまとめた経典を求めて于闐（ホータン）に向かった。彼は中国から西域へ、仏の教えを求める「求法」の旅をおこなった最初の人物とされる。399年には、仏教の信者が守るべき規律を求めて、漢族の僧侶・法顕（337ごろ～422ごろ）が数名の僧侶とともにインドへ旅立った。法顕は、およそ13年かけて、行きは中央アジアからパミール高原を経る陸路で、帰りはセイロン島から商船に乗って海路で、およそ30か国をめぐった。このように、この時代には求法の旅をする僧侶が登場し、『西遊記』で有名な玄奘（三蔵法師）の先駆けとなった。

大興善寺・大興国寺：「大興」の名は、楊堅が北周の臣下だったときの「大興郡公」という爵号にちなむ。大興善寺は大興城に建立された寺院で、たいへん大きな規模を誇った。大興国寺は隋の45の州に建立され、日本の奈良時代の国分寺の先駆けとなった。

もっと知りたい！
魏晋南北朝時代の人びと

この本で見てきた、後漢末期から隋がふたたび中国を統一するまで、中国に複数の王朝がならびたっていた約400年間を「魏晋南北朝時代」といいます。この時代は、いろいろなところに北方遊牧民の影響が見られました。

「胡服」を着た人びと

漢代までは、おおむね男女ともにワンピース型の服を着ていましたが、魏晋南北朝時代の人びとはじょじょに「胡服」を着用するようになります。胡服とは北方遊牧民の服装をさし、褶（上着）、袴（ズボン）を基本として、多くの場合は皮のベルトや皮のブーツもセットになっています。胡服は戦国時代（➡第二期1巻P18）に中国へ導入されますが、軍人など一部の人間が着用するだけでした。その後、後漢末期の混乱のなかで胡服を着る軍人が台頭したことで、三国から東晋の時代には、広い層で褶と袴を着るようになります。しかし、より一般的になるのは鮮卑が建国した北魏以降のことです。北魏では胡服がふだん着のみならず、官僚の制服（官服）にも採用されました。それが隋・唐代の官服に継承され、さらに日本の服装にも大きな影響をおよぼしました。

ワンピース型の服を着た漢代男性（左）と、ズボンを着用した北魏男性（右）の人形。　（左）撮影：著者、（右）写真：ユニフォトプレス

胡服の女性が馬に乗っている姿の人形。これは唐代の墓から出土したものだが、華北の女性もこのように騎乗していたと考えられる。
写真：ユニフォトプレス

用語解説
魏晋南北朝：三国の魏から隋の中国統一までのあいだに興亡した諸王朝の総称。同時期、江南に6つの王朝（呉・東晋・宋・斉・梁・陳）が存続したため、六朝ともいう。およそ400年の長期にわたり、複数の政権がならびたった時代である。

「胡食」の流行

この時代には、名前に「胡」がつく料理（胡食）が広く食べられるようになりました。胡食の多くは、遊牧民から伝わった料理と考えられます。6世紀前半の『斉民要術』という農業の専門書には、多くの胡食のレシピが記されています。

後漢の第12代霊帝は、「胡餅」や「胡飯」を好みました。餅とは穀物の粉を用いてつくる粉食*のことで、胡餅は現在のパンのようなものだったと考えられています。胡飯とは、細切りにしたキュウリの漬物と焼いた肉・生野菜を餅で巻くと書かれており、北京ダックのような食べ方をしたことがわかります。

また、牧畜を生業とする遊牧民の料理として、家畜をつかった胡食も伝わっています。たとえば「胡炮肉」は、コショウで味つけした細切りのヒツジの肉と野菜などをヒツジのはらわたに入れて、地面に穴を掘りそこで焼くと書かれています。また、「胡」はつきませんが、家畜の乳からつくるチーズやヨーグルトもこの時期好んで食べられました。

＊穀物を挽いて粉にし、パンやめんに加工して食べること。

当時の人が見た南北女性のちがい

顔之推という貴族が子孫のために書いた『顔氏家訓』という書籍には、江南の梁に生まれながら、捕虜として華北へ連行されたという経験をふまえて、江南と華北を比べる記述がしばしば登場します。たとえば、江南の女性は、自身の子どもの婚姻相手の家とのつきあいもなく、夫の浪費で苦労するようすなど、あまり社交性や主体性がないように描かれています。それに対して華北の女性は、訴訟や息子・夫のための求職活動に走りまわり、夫の馬よりも自分のアクセサリーを購入する姿など、主体的で活発に描かれています。このようなちがいが生じたのは、華北に鮮卑の風習が残っていたからでした。漢族と異なり、遊牧民における女性の地位は、男性とほとんど変わりません。北魏では皇太子の母親を殺害する慣習が続きましたが、これは遊牧民の女性やその一族の強い影響力を排除するためでした。多くの胡族が居住していた時代だからこそ、南北の女性のあいだに大きなちがいが見られたのです。

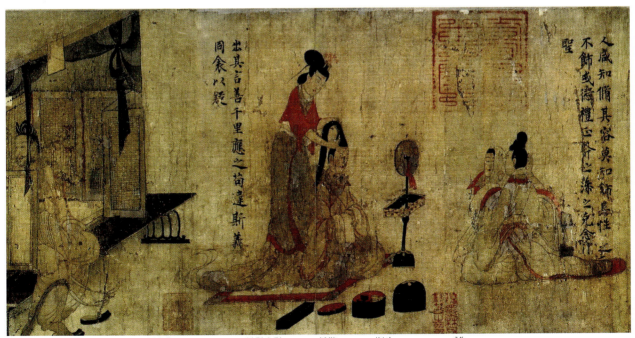

江南の王朝・東晋時代の絵巻「女史箴図」（部分）。当時の漢族貴族の女性の髪型や衣服、化粧のようすなどが描かれている。

『顔氏家訓』：顔之推が記した子孫へのいましめの書物。自らの体験をふまえて、家族の道徳や学問・生活様式、処世術などを記す。とくに、梁から北朝へ流離した経験をもとに、江南と華北の社会を対比しながら批評している点が特徴的である。

この本に出てくる地名地図

①漢（前漢・後漢、→P4、10、11）

※紀元前2世紀後半、前漢の領土がもっとも広かったときのようす。

※2世紀なかごろのようす。

②三国時代（→P4）

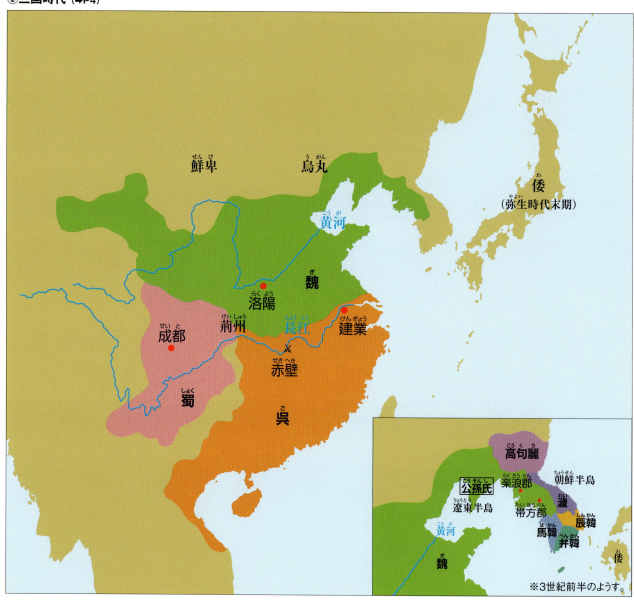

※3世紀前半のようす。

③晋（西晋、→P8）

④五胡十六国時代（→P12）

⑤華北と江南の王朝（→P14、16）

※4世紀後半のようす。

※5世紀後半のようす。

※540年代のようす。

※570年代のようす。

⑥隋（→P20）

※7世紀はじめのようす。

------- 運河

⑦唐（→P22）

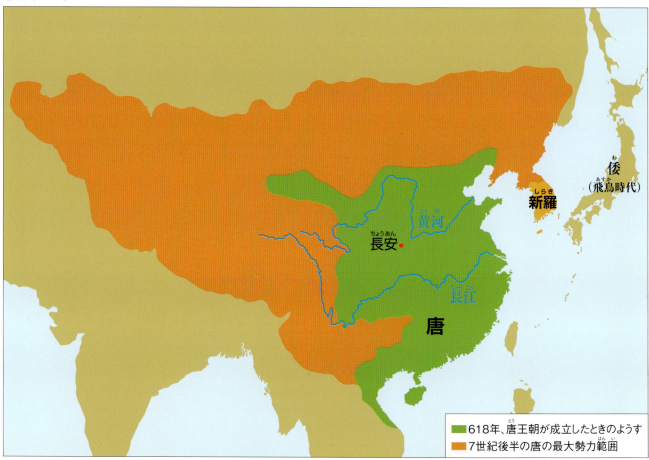

- 618年、唐王朝が成立したときのようす
- 7世紀後半の唐の最大勢力範囲

P30〜32の出典：④は『世界史B』（東京書籍、2007年）、その他は亀井高孝等編『増補版 標準世界史地図』（吉川弘文館、2016年）を元に作成

2度目の中国ができるまでの年表

年	できごと
紀元前1世紀～紀元1世紀	中国に仏教が伝わる（→P26）。
2世紀後半	太平道や五斗米道といった新しい宗教が成立（→P24）。
184年	太平道の信者らが黄巾の乱を起こす（→P4、24）。曹操、袁紹、劉備、董卓ら地方豪族が乱の鎮圧に参加する（→P4）。
200年	曹操が華北をほぼ統一する（→P4）。
208年	赤壁の戦いで、曹操が孫権・劉備の連合軍に敗れる（→P4）。
220年	曹操の子の曹丕が魏を建国し、後漢が滅亡（→P4）。魏で九品官人法がはじめられる（→P5）。
221年	劉備が蜀を建国する（→P4）。
222年	孫権が呉を建国する（→P4）。
238年	魏が、遼東半島を支配していた公孫氏政権を滅ぼす（→P6）。
239年	邪馬台国の女王・卑弥呼が魏に使者を送る（→P6）。
263年	魏が蜀を滅ぼす（→P8）。
265年	魏から帝位をゆずられた司馬炎（武帝）が晋（西晋）を建国する（→P8）。
280年	西晋が呉を破り、およそ半世紀ぶりに中国を統一する（→P8）。
300年	賈皇后が皇太子を殺害したのをきっかけとして、八王の乱が勃発（→P9）。306年に終結する。
304年	匈奴出身の劉淵、氐出身の李雄が西晋からの独立を宣言（→P9、12）。五胡十六国時代がはじまる。
316年	劉淵の子・劉聡が西晋を滅ぼす（→P9）。
317年	西晋の皇族・司馬睿が江南で東晋を建国する（→P16）。
376年	五胡諸国を打ちやぶった前秦が華北を統一する（→P13）。
383年	淝水の戦いで前秦軍が東晋軍に大敗。前秦に従っていた諸民族が各地で自立し、華北はふたたび分裂状態になる（→P13）。
386年	鮮卑出身の拓跋珪（道武帝）が北魏を建国する（→P14）。
413～478年	倭の五王が江南の東晋や宋に使者を送る（→P18）。
420～589年	江南で宋・斉・梁・陳が興亡をくりかえす（→P16）。
439年	北魏の第3代太武帝が華北を統一する（→P14）。
471～499年	北魏の第6代拓跋宏が即位し（孝文帝）、均田制や漢化政策などの諸改革をおこなう（→P15）。
534～535年	北魏が東西に分裂し、東魏と西魏が成立する（→P15）。
550年	東魏に代わり、北斉が成立（→P15）。
557年	西魏に代わり、北周が成立（→P15）。
577年	北周が北斉を破り、華北を統一する（→P15）。
581年	楊堅が北周から帝位をゆずりうけ（文帝）、隋を建国する（→P20）。
589年	隋が陳を滅ぼし、中国を統一する（→P20）。
604年	隋の第2代皇帝として楊広が即位する（煬帝）（→P21）。
607年	日本の推古天皇・聖徳太子が隋に使者を送る（→P23）。
612～614年	隋が高句麗遠征をおこなうが、すべて失敗に終わる（→P22）。
618年	隋が滅亡し、唐王朝が成立する（→P22）。
630年	唐の第2代太宗が天可汗の称号を得る（→P23）。

ことがらさくいん

あ行

烏丸 ……………………… 5, 11, 30
運河 ……………………… 20, 21, 32
雲崗石窟 ………………… 15
王朝の徳 ………………… 25

か行

夏 ………………………… 12, 31
華夷思想 ………………… 13
可汗 ……………………… 22, 23
科挙 ……………………… 21
漢（王朝）……………… 4, 5, 7, 28
漢化政策 ………………… 15, 33
宦官 ……………………… 24
『顔氏家訓』…………… 29
寒人 ……………………… 16
漢族 ……………………… 5, 9, 10, 12, 13, 14,
　　　　　　　　　　　　15, 16, 20, 26, 27, 29
官品 ……………………… 5
寒門 ……………………… 16
関隴集団 ………………… 15
魏 ………………………… 4, 5, 6, 7, 8, 28, 30, 33
「魏志倭人伝」………… 6, 7
魏晋南北朝時代 ………… 5, 28
北匈奴 …………………… 11, 30
九品官人法 ……………… 5, 21, 33
羌 ………………………… 12, 13, 24, 31
匈奴 ……………………… 9, 10, 11, 12, 26, 30, 31
均田制 …………………… 15, 33
百済 ……………………… 18, 19, 23, 31, 32
羯 ………………………… 12, 31
呉 ………………………… 4, 5, 6, 7, 8, 28, 30, 33
後燕 ……………………… 12, 31
黄巾の乱 ………………… 4, 24, 33
高句麗 …………………… 6, 7, 9, 18, 19,
　　　　　　　　　　　　22, 23, 30, 31, 32, 33
侯景の乱 ………………… 17
後秦 ……………………… 12, 31
後趙 ……………………… 12, 31
後涼 ……………………… 12, 31
後漢 ……………………… 4, 5, 6, 7, 8, 9, 11, 12,
　　　　　　　　　　　　13, 20, 21, 24, 25,
　　　　　　　　　　　　26, 28, 29, 30, 33
胡漢二重体制 …………… 12, 15
五行説 …………………… 25
五胡 ……………………… 12, 14, 16, 22, 27
五胡十六国時代 ………… 10, 12, 14, 33
胡食 ……………………… 29
胡族 ……………………… 9, 12, 13, 15, 20, 27, 29
戸調の式 ………………… 8
五斗米道 ………………… 25, 33

さ行

冊封 ……………………… 7
山越族 …………………… 5
『三国志』……………… 5, 6
『三国志演義』………… 5
三国時代 ………………… 5, 6, 12
周 ………………………… 15
儒教 ……………………… 8, 25, 26
春秋時代 ………………… 11
蜀（王朝）……………… 4, 5, 6, 8, 30, 33
新羅 ……………………… 18, 19, 23, 31, 32
秦 ………………………… 20, 21
晋 ………………………… 7, 8, 9, 31, 33
清 ………………………… 5, 21
親魏倭王 ………………… 7
新天師道 ………………… 25
隋 ………………………… 14, 20, 21, 22,
　　　　　　　　　　　　23, 27, 28, 32, 33
斉 ………………………… 16, 28, 33
西燕 ……………………… 12
成漢 ……………………… 12, 31
西魏 ……………………… 15, 17, 31, 33
西晋 ……………………… 8, 9, 12, 16,
　　　　　　　　　　　　17, 26, 31, 33
西秦 ……………………… 12, 31
西涼 ……………………… 12, 31
赤壁の戦い ……………… 4, 33
前燕 ……………………… 12, 31
前漢 ……………………… 7, 10, 11, 26, 30
冉魏 ……………………… 12
戦国時代 ………………… 11, 20, 28
前秦 ……………………… 12, 13, 14, 17, 31, 33
前趙 ……………………… 12, 31
鮮卑 ……………………… 11, 12, 14, 15, 20,
　　　　　　　　　　　　28, 29, 30, 31, 33
前涼 ……………………… 12, 31
宋 ………………………… 16, 17, 18, 19, 28, 31, 33

た行

代（代国）……………… 12, 14, 15
大興国寺 ………………… 27
大興善寺 ………………… 27
代人 ……………………… 14, 15
太平道 …………………… 24, 25, 33
竹林の七賢 ……………… 8
中正 ……………………… 5
朝貢 ……………………… 7
長城 ……………………… 20
陳 ………………………… 16, 17, 20, 21, 28, 31, 33

氐 ………………………… 12, 13, 31, 33
天可汗 …………………… 22, 23, 33
天師道 …………………… 25
唐 ………………………… 5, 9, 14, 18, 19, 20,
　　　　　　　　　　　　21, 22, 23, 24, 28, 32, 33
東魏 ……………………… 15, 17, 31, 33
道教 ……………………… 24, 25, 26, 27
東晋 ……………………… 8, 9, 13, 16, 17,
　　　　　　　　　　　　18, 19, 26, 28, 29, 31, 33
突厥 ……………………… 20, 22

な行

南燕 ……………………… 12, 31
南朝 ……………………… 16, 17
南涼 ……………………… 12, 31

は行

八王の乱 ………………… 9, 33
東突厥 …………………… 20, 22, 23, 32
淝水の戦い ……………… 13, 14, 16, 33
仏教 ……………………… 15, 25, 26, 27
編戸 ……………………… 15
北燕 ……………………… 12, 31
北魏 ……………………… 14, 15, 17, 18, 19,
　　　　　　　　　　　　22, 27, 28, 29, 31, 33
北周 ……………………… 15, 20, 22, 27, 31, 33
北斉 ……………………… 15, 20, 22, 31, 33
北朝 ……………………… 14, 29
北涼 ……………………… 12, 31

ま行

南匈奴 …………………… 5, 9, 11, 12, 30

や行

邪馬台国 ………………… 6, 7, 33

ら行

梁 ………………………… 16, 17, 26, 28, 29, 31, 33
「梁職貢図」…………… 19

わ行

倭（日本）……………… 4, 6, 7, 18,
　　　　　　　　　　　　19, 23, 27, 30, 31, 32
倭の五王 ………………… 18, 33

地名さくいん

か行

- 河西地域 …………… 10, 11, 30
- 華北 …… 4, 9, 12, 13, 14, 15, 16, 17, 21, 22, 25, 28, 29, 31, 33
- 漢中 …………………………… 25
- 荊州（江陵）……… 4, 17, 30, 31
- 建業（現・南京）…………… 4, 30
- 建康（現・南京）… 13, 16, 17, 31
- 黄河 ……………………… 10, 21, 22
- 杭州 ………………………… 20, 32
- 江南 …………… 4, 5, 8, 9, 13, 16, 17, 20, 21, 25, 28, 29, 31, 33

さ行

- 西域 ……………………… 26, 27
- 山東半島 ………………… 18, 19
- 蜀（地域）……………………… 12
- 西安 ……………………… 13, 21
- 成都 ………………… 4, 30, 31
- 赤壁 …………………………… 4, 30

た行

- 大興城（現・西安）…… 21, 27, 32
- 大同 ………………………… 14, 15
- 帯方郡 ……………………… 6, 7, 30
- 涿郡 ………………………… 22, 32
- 長安（現・西安）… 10, 13, 17, 27, 30, 31, 32
- 長江 ……………………… 4, 16, 21
- 朝鮮半島 ………… 6, 7, 11, 18, 19, 23, 30
- 敦煌 ………………………… 10, 26

な行

- 南京 ………………………… 13, 16

は行

- 淝水 ………………………… 13, 31
- 平城（現・大同）…… 14, 15, 31
- 北京 ……………………… 20, 22, 24

ま行

- モンゴル高原 ……… 10, 14, 20, 22, 23, 30

や行

- ユーラシア大陸 ……………… 11

ら行

- 洛陽 …… 4, 9, 17, 25, 30, 31, 32
- 楽浪郡 ……………………… 6, 7, 30
- 遼東半島 ………………… 6, 7, 30, 33

人名さくいん

あ行

- 慧遠 …………………………… 26
- 袁紹 …………………………… 4, 33

か行

- 顔之推 ………………………… 29
- 恵帝 …………………………… 9
- 玄奘 …………………………… 27
- 献帝 …………………………… 4
- 興 ……………………………… 18
- 侯景 …………………………… 17
- 寇謙之 ………………………… 24
- 公孫氏 …………………… 6, 7, 30, 33
- 孝文帝 ………………… 15, 25, 33
- 孝明帝 ………………………… 15
- 呼韓邪単于 …………………… 11

さ行

- 讃 ……………………………… 18
- 始皇帝 ……………………… 20, 21
- 司馬懿 ………………………… 8
- 司馬睿 ………………… 9, 16, 33
- 司馬炎→武帝（西晋）
- 謝玄 …………………………… 16
- 朱士行 ………………………… 27
- 蕭衍→武帝（梁）
- 蕭道成 ………………………… 16
- 聖徳太子 ………………… 23, 33
- 諸葛孔明 ……………………… 5, 6

た行（中段）

- 推古天皇 ………………… 23, 33
- 済 ……………………………… 18
- 荘子 …………………………… 24
- 曹操 ……………… 4, 5, 8, 11, 25, 33
- 曹爽 …………………………… 8
- 曹丕 …………………………… 4, 33
- 曹芳 …………………………… 8
- 孫堅 …………………………… 4
- 孫権 ………………………… 4, 5, 33

た行

- 太宗 ……………………… 22, 23, 33
- 太武帝 ………………… 14, 27, 33
- 拓跋珪→道武帝
- 趙王倫 ………………………… 9
- 張角 …………………………… 24
- 張陵 …………………………… 25
- 張魯 …………………………… 25
- 珍 ……………………………… 18
- 陳寿 …………………………… 5
- 陳覇先 ………………………… 17
- 道安 …………………………… 26
- 董卓 …………………………… 4, 33
- 道武帝 ………………… 14, 33

は行

- 卑弥呼 …………… 6, 7, 18, 33
- 武 ……………………………… 18
- 苻健 …………………………… 13
- 苻堅 …………………………… 13
- 武帝（前漢）………… 7, 10, 11, 26
- 武帝（西晋）………… 8, 9, 33
- 武帝（梁）………… 16, 17, 19, 26
- 武帝（北周）………… 15, 27
- 文帝（宋）……………………… 17
- 文帝（隋）……… 20, 21, 22, 27, 33
- 冒頓単于 ……………………… 11
- 法顕 …………………………… 27

や行

- 楊堅→文帝（隋）
- 楊広→煬帝
- 煬帝 ……………… 20, 21, 22, 23, 33

ら行

- 羅漢中 ………………………… 5
- 李特 …………………………… 12
- 李雄 …………………………… 12, 33
- 劉淵 ……………………… 9, 12, 33
- 劉聡 …………………………… 9, 33
- 劉備 ………………… 4, 5, 6, 33
- 劉邦 …………………………… 11
- 劉裕 …………………………… 16
- 呂布 …………………………… 4
- 霊帝 …………………………… 4, 29
- 老子 …………………………… 24, 25

■監修
渡辺信一郎（わたなべ しんいちろう）
1949年京都市生まれ。京都教育大学卒業、京都大学大学院博士課程東洋史学専攻単位修得退学（京都大学文学修士）。現在、京都府立大学名誉教授。著書に『中国古代社会論』（青木書店、1986年）、『中国古代国家の思想構造』（校倉書房、1994年）、『天空の玉座―中国古代帝国の朝政と儀礼』（柏書房、1996年）、『中国古代の王権と天下秩序』（校倉書房、2003年）、『魏書食貨志・隋書食貨志訳注』（汲古書院、2008年）、『中国古代の財政と国家』（汲古書院、2010年）、『中国古代の楽制と国家―日本雅楽の源流』（文理閣、2013年）ほか。

■著
岡田和一郎（おかだ やすいちろう）
1977年愛知県生まれ。京都府立大学大学院文学研究科博士後期課程単位取得退学後に、博士（歴史学）取得。現在、佛教大学・京都府立大学・阪南大学非常勤講師。専門は古代中国の国制史。著書に『中国の国家体制をどうみるか』（共著、汲古書院、2017年）、『魏晋南北朝史のいま』（共著、勉誠出版、2017年）。

■編　集　こどもくらぶ（古川裕子）
■デザイン　吉澤光夫（装丁）、高橋博美（本文）
■企画・制作　株式会社エヌ・アンド・エス企画

この本の情報は、2017年10月までに調べたものです。
この本では、中国の人名・地名などは原則として「日本語読み・慣用読み」でふりがなをふっています。

■写真協力
（表紙上段, P12）© Carmentianya ¦ Dreamstime
（表紙下段右, P26）© Jingaiping ¦ Dreamstime
（裏表紙）岡田和一郎
（P16）© Beijing Hetuchuangyi Images Co,. Ltd . ¦ Dreamstime
（P20 上段）© Jorisvo ¦ Dreamstime
（P22 下段）© Pavel Svoboda ¦ Dreamstime
（P24）© Tktktk ¦ Dreamstime
（p26 上段）© Jingaiping ¦ Dreamstime
※上記以外の写真そばに記載のないものは、フリー画像など。

■おもな参考図書
川勝義雄『魏晋南北朝』講談社、2003年
金文京『中国の歴史04　三国志の世界　後漢 三国時代』講談社、2005年
川本芳昭『中国の歴史05　中華の崩壊と拡大　魏晋南北朝』講談社、2005年
宮崎市定『九品官人法の研究』中央公論社、1997年
浜口重国『秦漢隋唐史の研究』上・下　東京大学出版会、1966年
堀敏一『東アジア世界の形成―中国と周辺国家』汲古書院、2006年
大庭脩『親魏倭王（増補新版）』学生社、2001年
堀敏一『東アジアのなかの古代日本』（研文選書75）研文出版、1998年
沢田勲『匈奴―古代遊牧国家の興亡』（東方選書31）東方書店、1996年
杉山正明『遊牧民から見た世界史―民族も国境もこえて』日本経済新聞社、2003年
三崎良章『五胡十六国―中国史上の民族大移動』（東方選書36）東方書店、2002年
川本芳昭『魏晋南北朝時代の民族問題』汲古書院、1998年
岡田和一郎「征服から専制へ」『中国の国家体制をどうみるか』所収、汲古書院、2017年
戸川貴行『東晋南朝における伝統の創造』汲古書院、2015年
藤善真澄『隋唐時代の仏教と社会―弾圧の狭間にて』（白帝社アジア史選書5）白帝社、2004年

中国の歴史・現在がわかる本　第二期②　2度目の中国ができるまで

2018年1月10日　　第1刷発行　　　　　　　　　　　　　　　NDC222

監修者	渡辺　信一郎	
著　者	岡田　和一郎	
発行者	竹村　正治	
発行所	株式会社かもがわ出版	
	〒602-8119　京都市上京区堀川通出水西入	
	営業部：075-432-2868　FAX：075-432-2869	
	編集部：075-432-2934　FAX：075-417-2114	
	振替　01010-5-12436	
	http://www.kamogawa.co.jp/	
印刷所	凸版印刷株式会社	

©Yasuichiro Okada 2018
Printed in Japan

36p 31cm
無断複写複製（コピー）を禁ず
ISBN978-4-7803-0880-8
C8322

中国の歴史★現在がわかる本

(NDC222)

中国が世界での存在感を高めている今、日本人は中国・中国人についてもっと理解し、よりよい関係を築く方法を考えなければなりません。このシリーズは、中国が中国として成立していく過程に着目したあらたな構成で、古代から現在までをふりかえります。

★第一期★

監修／西村成雄

1. **20世紀前半の中国** 著／貴志俊彦
2. **20世紀後半の中国** 著／日野みどり
3. **21世紀の中国** 著／阿古智子

★第二期★

監修／渡辺信一郎

1. **紀元前から中国ができるまで** 著／目黒杏子
2. **2度目の中国ができるまで** 著／岡田和一郎
3. **13世紀までの中国** 著／山崎覚士